VENTE

d'une jolie Collection

D'ESTAMPES

MODERNES

EAUX-FORTES, LITHOGRAPHIES

ET

GRAVURES AU BURIN

LA PLUPART EN ÉPREUVES D'ARTISTE

Sur Parchemin et sur Japon.

27 FÉVRIER 1896

Me Maurice DELESTRE	M. DUPONT Aîné
COMMISSAIRE PRISEUR	MARCHAND D'ESTAMPES
27, Rue Drouot, 27	15, Rue de Seine, 15

Grande Imprimerie du Centre. — Herbin, à Montluçon.

CATALOGUE (N° 144)

d'une Jolie Collection

D'ESTAMPES

MODERNES

EAUX-FORTES, LITHOGRAPHIES

ET GRAVURES AU BURIN

LA PLUPART EN ÉPREUVES D'ARTISTE SUR PARCHEMIN & SUR JAPON

PAR ET D'APRÈS

Appian, Baude, Boilvin, Bracquemond, Brunet-Debaines, Burney, Buhot, Chauvel, Courtry, Decamps, E. Delacroix, Detaille, Didier, L. Flameng, F. Gaillard, Gaujean, L. Gautier, Guérard, Helleu, Henriquel Dupont, Ingres, Jasinski, Kratké, Le Rat, Leterrier, Lunois, Manet, Maurou, Meissonier, Millet, Mongin, Mouilleron, Piguet, Rajon, Ribot, Rops, Rosa-Bonheur, Buet, Somm, Waltner, Willette, etc.

DONT LA VENTE AURA LIEU

HOTEL DES COMMISSAIRES-PRISEURS, RUE DROUOT

Salle n° 8.

Le Jeudi 27 Février 1896

à deux heures précises.

Par le ministère de Mᵉ **MAURICE DELESTRE,** commissaire-priseur,
Rue Drouot, n° 27.

Assisté de M. **DUPONT** aîné, marchand d'Estampes, rue de Seine, n° 15.

PARIS — 1896.

CONDITIONS DE LA VENTE

Elle sera faite au comptant.

Les acquéreurs paieront 5 °/o en sus des enchères, applicables aux frais.

M. Dupont se réserve la faculté de réunir ou de diviser les lots.

L'ordre numérique du Catalogue sera suivi.

NOTA. — Toutes les Estampes étant en parfaite condition, nous nous sommes bornés à en mentionner les états.

Il n'y aura pas d'Exposition publique.

*MM. les Amateurs pourront examiner les Estampes qui les intéressent, chez **M. Dupont** aîné, pendant les huit jours qui précèderont la vente, de deux heures à six heures.*

DÉSIGNATION

ESTAMPES

ABOT

1 — La Promenade, d'après Boilly. — La Chocolatière, d'après Liotard. Deux pièces, épreuves d'artiste sur chine.

APPIAN

2 — Marines. Deux pièces, épreuves d'artiste sur japon.

BANCE (Ch.)

3 — La Partie d'échecs, d'après Aranda. Epreuve de remarque sur parchemin. Signée du peintre et du graveur.

BAUDE (Ch.)

4 — Portrait de femme. Epreuve d'artiste sur japon. Signée.

5 — Promenade sur l'eau, d'après Stéwick. Epreuve sur japon. Avec dédicace signée.

BESNARD

6 — La Poupée; eau-forte originale. Epreuve d'artiste sur chine.

BILLY (Ch. de)

7 — Les Bûcheronnes, d'après Em. Adan. Epreuve d'artiste sur japon. Signée.

BOILOT (A.)

8 — L'Amateur de tableaux, d'après Aranda. Epreuve de remarque sur parchemin. Signée.

BOILVIN (E.)

9 — La Femme au perroquet; eau-forte originale (H. B. 3) (1). Epreuve avant toute lettre sur Hollande.

10 — Vignette pour *Sonnets et eaux-fortes*. — Vignette pour *Mme Bovary*, en 1er état. Deux pièces avant la lettre.

BORREL

11 — Le Traîneau, d'après Boucher. Epreuve de remarque sur japon. Signée.

BRACQUEMOND

12 — La petite Bergère, d'après Millet (H. B. 789). Epreuve de remarque sur parchemin.

BRUNET-DEBAINES

13 — Hôtel-Dieu ; derniers débris du pont St-Charles (H. B. 13). Epreuve d'artiste sur chine.

14 — The Walley farm, d'après Constable (39). Epreuve avec la lettre.

15 — Paysage, d'après David Cox. — Idylle. Deux pièces avant la lettre.

---

(1) *Les Graveurs du XIXe siècle*, par Henri Béraldi. Paris, Librairie Conquet, 1885-1892. 12 vol. in-8.

BUHOT (F.)

16 — Ex-libris pour l'*Ensorcelée* (H. B. 116). Epreuve d'artiste avec croquis autour. Rare.

17 — Une matinée d'hyver au quai de l'Hôtel-Dieu (123). Epreuve avant la lettre sur japon.

18. — La Fête nationale au boulevart de Clichy (127). Epreuve d'artiste avec croquis dans les marges. Avec dédicace signée.

19 — A la Place Bréda, 1879 (128). Epreuve avec croquis dans les marges.

20 — Frontispice de *Zigzags d'un curieux*, in-8. Epreuve d'artiste avec croquis dans les marges.

BULAND (Em.)

21 — Portrait de femme, d'après Holbein. Epreuve d'artiste sur hollande. Avec dédicace signée.

BULLA (H.)

22 — Retour du bal. Epreuve d'artiste en bistre. Avec dédicace signée.

BURNEY

23 — Innocent X, d'après Velasquez (H. B. 7). Epreuve avant toute lettre sur chine.

24 — Mme Edmond Adam (12). Epreuve d'artiste sur chine, le nom du graveur à la pointe.

25 — Mgr Dubar (15). Epreuve d'artiste sur chine avant l'adresse de Salmon.

26 — Mlle Brandès, d'après Chartran. Epreuve d'artiste sur japon.

27 — Portrait de Pierre Corneille, in-4. Epreuve de remarque sur chine.

28 — Portrait de femme dans un médaillon avec ornements XVIIIe siècle, in-4. Epreuve d'artiste avec le cadre à l'eau-forte pure. Signée.

CASANOVA (Ant.)

29 — Moine guerrier. Epreuve d'artiste sur chine.

CHAIGNEAU (F.)

30 — Berger gardant son troupeau. Epreuve avec remarque sur japon.

CHAUVEL (Th.)

31 — Le Camp arabe, d'après Fromentin (H. B. 114). Epreuve d'artiste sur chine.

CHEVRIER (J.)

32 — Vues de France gravées à l'eau-forte. Trente-deux pièces sur japon.

COURTRY

33 — Un satisfait, d'après Lobrichon (H. B. 45). Epreuve d'artiste sur japon, imprimée en rouge.

34 — Melle Guimard, d'après Fragonard (56). Epreuve de remarque sur japon.

35 — Israëls, peintre, d'après lui-même (392). Epreuve d'artiste sur parchemin. Signée.

36 — La visite des parents pauvres, d'après Aranda. Epreuve d'artiste sur parchemin. Signée.

37 — Tigre, d'après Delacroix. — Le Troupeau, d'après Troyon. Deux pièces avant la lettre. Avec dédicace signée.

38 — Vaches au paturage, d'après Van Marcke. Deux pièces dont une avec remarque sur japon. Signée.

COUTIL (L.)

39 — Tentation de Saint-Antoine (H. B. 2). Epreuve avant toute lettre sur japon.

40 — Beau temps, d'après Hilbuth (4). Epreuve d'artiste avec dédicace signée.

CUCINOTTA

41 — Femmes couchées. Deux pièces avant la lettre, dont une sur chine.

DAMMAN

42 — Portrait de Mlle Alibert (H. B. 13). Epreuve d'artiste sur japon.

43 — La Madeleine, d'après Lynch. Epreuve de remarque sur japon.

DEBLOIS (Ch.)

44 — Le Concert, d'après Terburg. Epreuve avant la lettre sur chine.

DEBLOIS (T. C.)

45 — L'Amour mouillé, d'après Bouguereau. Epreuve d'artiste sur japon.

DECAMPS

46 — Village de Turquie (H. B. 19). Epreuve d'artiste sur chine, le nom à la pointe.

DELACROIX (Eug.)

47 — Tigre couché (Alf. R. 314). Epreuve du 1er état avec les marges couvertes de taches. — Plus une épreuve ordinaire.

DELAROCHE (Paul)

48 — Jeune dame tenant son fils sur ses genoux ; seule eau-forte originale du maître. Epreuve sur papier de chine. Très rare.

DELATRE

49 — Petits paysages gravés à l'eau-forte. Quarante sujets sur douze feuilles.

DETAILLE (Ed.)

50 — Artilleur du génie. — Officier bavarois. — Grenadier de la garde ; lithographies originales. — Trois pièces sur chine.

51 — Marche de cavalerie et divers croquis ; lithographie sur chine. Rare.

DESBOUTIN

52 — Henri Rochefort (H. B. 69). Epreuve d'artiste sur hollande.

53 — Le Pape Pie IX (116). Epreuve d'artiste sur hollande.

DESBROSSES (L.)

54 — Le Lac de Côme, d'après Corot. Epreuve de remarque sur japon. Signée.

55 — Paysage avec animaux. Epreuve d'artiste sur chine.

DIDIER (Adr.)

56 — Anne de Clèves, d'après Holbein (H. B. 24). Epreuve d'artiste. Avec dédicace signée.

57 — La Vierge au coussin vert, d'après Solario (51). Epreuve d'artiste sur chine.

58 — Les Trois Grâces, d'après Raphaël. Epreuve d'artiste sur chine. Signée.

DIDIER (Jules)

59 — Vaches au paturage. Epreuve d'artiste sur chine.

DILLON (H.)

60 — Feuille de têtes avec figure japonaise. Epreuve d'artiste sur chine volant.

DORÉ (d'après G.)

61 — Ronde du Sabbat, par Riault. Epreuve d'artiste sur japon.

FLAMENG (L.)

62 — La Dame au lévrier, d'après Willems (H. B. 293). Epreuve avant toute lettre sur japon.

63 — Le docteur Huxley, d'apr. John Collyer (348). Epreuve d'artiste sur japon. Signée.

64 — Baptême dans la Basse-Alsace, d'apr. Fr. Flameng. Epreuve d'artiste sur japon.

FLAMET

65 — A la cave, d'après Baudouin. Epreuve d'artiste sur chine.

FRAIPONT (G.)

66 — Concert d'amateurs, d'après Roybet. Epreuve de remarque sur chine, sans marge.

67 — L'Hôtellerie de la Botte, d'apr. Vinea. Epreuve avant la lettre sur chine.

FRANCIN

68 — Retour d'une promenade, à Venise. Epreuve de remarque sur parchemin. Signée.

GAILLARD (F.)

69 — Son portrait par Th. de Mare. Epreuve d'artiste sur japon. Signée.

70 — Académie de concours (H. B. 3). Epreuve avant toute lettre, avec dédicace signée.

71 — Chateaubriand (6). Epreuve d'artiste avec dédicace signée. Taches légères et petite marge.

72 — Jean Bellin (8). Epreuve d'artiste, signature à la pointe. Avec dédicace signée.

73 — Mistral (12). Epreuve d'artiste sur japon.

74 — La Condottière (15). Epreuve avec la lettre.

75 — Vénus. — Mercure, d'apr. Thorwaldsen (20-21). Deux pièces avant la lettre sur chine.

76 — Œdipe, d'après Ingres (24). Epreuve avant la lettre sur chine.

77 — L'Homme à l'œillet, d'après Van Eyck (25). Epreuve d'artiste sur chine, grand papier, avec la signature à la pointe au milieu de la marge du bas.

78 — Tête de cire du Musée de Lille (36). Epreuve sur chine.

79 — Le Crépuscule (32). Epreuve d'artiste sur chine avant la signature à la pointe.

80 — St-Sébastien (34). Epreuve avant toute lettre sur grand japon non collé.

81 — Léon. XIII (39), réduction in-4. Epreuve avant la lettre sur Chine.

82 — La sœur Rosalie (48). Epreuve avant toute lettre et avec les yeux noirs, mais avant la tête de St-Vincent de Paul, sur chine.

83 — Henri, comte de Chambord (30). Pie IX (31). Deux pièces, très petite marge, la dernière avec déchir.

GAUCHEREL

84 — Monuments antiques, d'après un dessin de Duban. Epreuve d'artiste sur Chine.

GAUJEAN (E.)

85 — Suzanne au bain, d'après Henner (H. B. 16). Epreuve de remarque sur japon ; tach. d'eau.

86 — La Marquise du Chatelet, d'après Nattier (20). Epreuve d'artiste sur japon.

87 — Tête de jeune fille, d'après Greuze (42). Epreuve d'artiste sur japon, en couleur. Signée.

88 — Le Bénedicité, d'après Chardin (43). Epreuve d'artiste sur japon, en couleur.

89 — L'Enfant abandonné, d'après Emile Deschamps (44). Epreuve d'artiste sur japon, en couleur.

90 — La Fortune et le jeune enfant, d'après Baudry. Epreuve de remarque sur japon.

91 — La leçon de flûte, d'après Deyrolle. Epreuve à l'eau-forte pure sur japon ; plus une réduction par un autre graveur.

92 — Chats, d'après Lambert. Epreuve d'artiste sur japon.

93 — La jeune esclave, d'après V. Giraud. Epreuve de remarque sur hollande (inédite).

GAUTIER (L.)

94 — Abside de Notre-Dame de Paris (H. B. 15). Epreuve d'artiste sur japon.

95 — La Sainte-Chapelle et le Palais de Justice (16). Epreuve de remarque sur japon.

96 — La laitière, d'après Julien Dupré. Epreuve d'artiste sur parchemin.

97 — Abraham et les anges, d'après Rembrandt. Epreuve de remarque sur parchemin. Signée.

98 — Weymouth-Bay, d'après Constable. Epreuve de remarque sur parchemin. Signée.

99 — Richmond. Epreuve d'artiste sur parchemin. Signée.

100 — Le pont de Broadway à New-York. Epreuve de remarque sur parchemin. Signée.

101 — Bataille de Sauvages en Amérique. Epreuve d'artiste sur parchemin.

GÉRARD (Ch.)

102 — La Paie des travailleurs en Bretagne, d'après Troyer. Epreuve de remarque sur parchemin. Signée.

GILBERT (A.)

103 — Le Buveur, d'après Vibert. Epreuve d'artiste sur japon.

GIRARDET (Eug.)

104 — Guignol. Epreuve d'artiste sur japon.

GUÉRARD (H.)

105 — Le Quai de la Gare de Dieppe; effet de lune. (H. B. 444). Epreuve d'artiste sur hollande. Avec dédicace signée.

106 — L'abside de Notre-Dame de Paris; effet de lune. Epreuve d'artiste avant toute lettre.

107 — Objets d'art japonais. Dix pièces.

HANRIOT (J.)

108 — Femme du Pollet, d'après Vollon. Epreuve d'artiste sur japon.

HAUSSOULLIER

109 — Sujet mythologique, publié par la Société des Graveurs au burin. Epreuve d'artiste sur chine. Signée.

HECHT (W.)

110 — Son portrait, d'après lui-même. Epreuve d'artiste sur chine.

111 — Portrait de Munkacsy, peintre. Epreuve d'artiste sur parchemin.

112 — Sous les Arènes, d'après Piloty. Epreuve d'artiste sur parchemin.

HELLEU.

113 — A l'Exposition de gravure. Pointe sèche imprimée en deux couleurs. Signée.

HENRIQUEL-DUPONT

114 — Son portrait par Aristide Louis, d'après Paul Delaroche. Epreuve d'artiste sur chine.

115 — Autre portrait par Ch. Bellay. Epreuve avant toute lettre sur chine.

116 — André Chénier, d'après Suvée (55). Epreuve d'artiste sur chine. Signée.

117 — Henri IV, étant jeune (65). Epreuve d'artiste sur chine.

118 — La Princesse Hélène d'Orléans (78). Epreuve d'artiste sur chine. Rare.

119 — Alex. Brongniart (79). — Cavelier, statuaire (102). Deux pièces, épreuves d'artiste.

120 — A. Sauvageot (84). Epreuve d'artiste.

121 — Jeanne d'Arc, d'après Bénouville (100). Epreuve sur chine.

122 — Louis Pasteur (109). Epreuve d'artiste sur chine.

123 — Thureau-Dangin (112). Epreuve d'artiste sur chine.

HERVIER

124 — Catalogue de tableaux par Hervier, 5 avril 1876; Haro expert. 1 volume contenant six eaux-fortes sur chine, br.

HOOK (J.)

125 — Portrait d'homme. Epreuve d'artiste sur parchemin. Signée.

126 — L'Ecole buissonnière. — Retour de la pêche. Deux pièces, épreuves de remarque sur parchemin. Signées.

INGRES (d'après)

127 — L'Odalisque à l'esclave, par Haussoullier. Epreuve avant toute lettre.

128 — La Semaine, par W. Haussoullier. Suite de huit pièces avant la lettre.

129 — Vénus anadyomène, par Morse. Epreuve avant toute lettre, non terminée.

130 — César, par Ad. Salmon. Epreuve d'artiste sur chine. Signée.

JACQUE (d'après Ch.)

131 — La Rentrée du troupeau, par L. Gautier; très gr. in-fol. Epreuve de remarque sur parchemin. Signée du peintre et du graveur.

132 — Le Troupeau dans l'étable, par L. Gautier ; très gr. in-fol. Epreuve de remarque sur parchemin. Signée du peintre et du graveur.

133 — Le Retour du troupeau, par L. Gautier ; en hauteur. Epreuve de remarque sur japon. Signée.

JASINSKI

134 — Jeune mère jouant avec son enfant. Epreuve de remarque sur japon.

135 — Portrait d'homme. Epreuve d'artiste sur japon. Signée.

JOURNOT (L.)

136 — Jeune fille à la colombe. Epreuve de remarque sur japon. Signée.

137 — Blanche de Castille. — St Augustin et Ste Monique. Deux épreuves de remarque sur japon. Signées.

KRATKÉ (L.)

138 — La Vaneuse, d'après Jules Breton. Epreuve de remarque sur japon.

139 — La Récolte des Œillettes, d'après Laugée. Epreuve avec remarque sur parchemin.

140 — Paysage hollandais, d'après Decker. Epreuve de remarque sur parchemin. Signée.

LAGUILLERMIE

141 — Reddition de la ville de Bréda, d'après Velasquez, Epreuve d'artiste sur chine.

LALAUZE

142 — La Sentinelle, d'après Bargue. Epreuve avec remarque sur japon.

LAMOTTE (A.)

143 — Jeanne d'Arc, d'après Jules Lefebvre. Epreuve avant toute lettre sur chine.

LECOUTEUX (L.)

144 — La Déclaration, d'après Roybet. Epreuve de remarque sur japon.

LELOIR (d'après L.)

145 — Un Raffiné, par Ruet. Epreuve d'artiste sur parchemin. Signée.

146 — La Sonate, par Ruet. Epreuve d'artiste sur japon. Signée.

147 — La Marguerite, par Ruet. Epreuve de remarque sur japon.

LE RAT (P.)

148 — L'Importun, d'après Vibert (H. B. 15). Epreuve d'artiste sur japon.

149 — Portrait de Molière, d'après Jacques Leman. Epreuve d'artiste sur japon.

LETERRIER

150 — Le Matin, d'après Adr. Demont. Epreuve avec remarque sur parchem. Signée du peintre et du grav.

151 — Lessiveuse, d'après Demont-Breton. Epreuve de remarque sur japon.

152 — Moissonneuse. — Jeune bergère tricotant. Deux pièces, épreuves de remarque sur parchemin. Signées.

153 — Paysage : Le passage du gué. Epreuve d'artiste sur japon. Signée.

154 — Paysages. Trois pièces, épreuves d'artiste sur japon, dont deux signées.

LHERMITTE

155 — Le Pélerinage ; lithographie. Epreuve avant la lettre sur chine.

LUNOIS

156 — Jeune femme tenant un cahier de musique. Epreuve avant toute lettre, en couleur.

157 — Jeune fille travaillant à une tapisserie. Epreuve avant la lettre, en couleur.

MANET (Ed.)

158 — Son portrait, par François. Epreuve d'artiste sur chine.

159 — Les Courses (H. B. 59). Epreuve sur chine.

160 — Polichinelle (72). Epreuve en couleur.

161 — Portrait de Mlle E. G... — Un Bar aux Folies-Bergères, par H. Guérard. Deux pièces.

162 — Portraits et sujets divers. Quinze pièces.

MARTIAL (R.)

163 — Les Cancalaises, d'après Feyen-Perrin. Epreuve avant toute lettre sur japon.

MASSARD (J.)

164 — A l'Asile de nuit, d'après Geoffroy. Epreuve d'artiste sur japon.

MAUROU (P.)

165 — Besogne faite, d'après Joseph Bail. Epreuve de remarque sur chine. Signée des deux artistes.

MEISSONIER (d'après)

166 — Son portrait, par Courtry. Epreuve d'artiste sur parchemin.

167 — Autre portrait de Meissonier, par Wallet. Epreuve non terminée.

168 — Frontispice pour le *Livre des Epoux*, édition Curmer (H. B. 309). Epreuve avant la lettre sur chine. Rare.

169 -- Cavalier Louis XIII, par Charles Blanc. Epreuve d'artiste sur hollande.

170 — Le Liseur assis, par Boilot. Epreuve de remarque sur parchemin. Signée.

171 — Hallebardier, par Boilot. Epreuve d'artiste sur japon. Signée.

172 — Polichinelle, d'après Meissonier. Epreuve de remarque sur parchemin. Signée.

173 - Solférino, par Boulard. Epreuve d'artiste sur japon.

174 — L'audience, par Carey. Epreuve sur chine.

175 — Les Amateurs d'Estampes, par Courtry. Epreuve de remarque sur japon.

176 — Isaïe, par Cousin. Epreuve sur papier blanc.

177 — La Halte, par Flameng. Epreuve sur chine.

178 — Napoléon à cheval, 1814, par L. Gautier. Epreuve de remarque sur japon. Signée.

179 - Sur la route d'Antibes, par L. Gautier. Epreuve de remarque sur parchemin.

180 — Joueur de guitare, par Gilbert. Epreuve de remarque sur japon. Signée.

181 — Sous le balcon, par Gilbert. Epreuve d'artiste sur parchemin. Signée.

182 — Dans l'Escalier, par Gilbert. Epreuve de remarque sur japon. Signée.

183 — Le Liseur, par Jacquemart. Epreuve avec la lettre.

184 — Personnage en costume Henri III, par Lalauze. Epreuve avant la lettre sur japon.

185 — En Reconnaissance, par Lalauze. Epreuve d'artiste sur hollande.

186 — La Védette, par Le Rat. Epreuve d'artiste sur japon.

187 — Joueur de guitare, par Letellier. Epreuve d'artiste sur japon.

188 — Le peintre d'enseignes, par Margelidon. Epreuve de remarque sur parchemin. Signée.

189 — La Chanson, par Margelidon. Epreuve de remarque sur parchemin. Signée.

190 — Joueur de contrebasse, par Arm. Mathey. Epreuve de remarque sur parchemin. Signée.

191 — L'Ordonnance, par Mongin. Epreuve d'artiste sur chine. Avec dédicace signée. Rare.

192 — Meissonier sculpteur, par Monziès. Epreuve d'artiste sur parchemin.

193 — Solférino, par Nargeot. Epreuve de remarque sur parchemin. Signée.

194 — Le Chant, par Nargeot. Epreuve de remarque sur parchemin. Signée.

195 — Au Rempart, par Prieux. Epreuve d'artiste sur parchemin.

196 — Le Graveur, par Rajon. Epreuve d'artiste sur chine.

197 -- La même estampe. Epreuve non terminée sur chine non collé.

198 — Polichinelle, par Rajon. Epreuve d'artiste sur japon.

199 — Porte-étendart, par Ruet. Epreuve de remarque sur japon. Signée.

200 — Les Joueurs de cartes, par Ruet. Epreuve avec la première remarque, sur parchemin. Signée.

201 — Polichinelle, par Ruet. Epreuve de remarque sur parchemin. Signée.

202 — Les Lansquenets, par Sirouy. Epreuve d'artiste sur chine. Avec dédicace signée.

203 — La même estampe. Epreuve sur japon.

204 — Napoléon, 1814, par de Thorm. Epreuve de remarque sur japon. Signée.

205 — Le Liseur à la fenêtre, par Wallet. Epreuve d'artiste sur japon. Signée.

206 — Eaux-fortes tirées du catalogue de la vente Meissonier, gravées par divers. Dix-sept pièces avant la lettre.

MERCURY (P.)

207 — Christophe Colomb (H. B. 11). Epreuve du 1er état avant toute lettre et avant la bordure ; le nom du graveur à la pointe, toute marge.

208 — La même estampe. Epreuve avant la lettre sur chine, avec la bordure.

MICHEL (Ch.)

209 — Bercy. — Inondations à Bercy ; grand in-fol. Deux pièces avant la lettre sur chine.

MILLET (d'après)

210 — La Fin de la journée, par L. Coutil. Epreuve d'artiste sur japon. Signée.

211 — Les Glaneuses, par Damman. Epreuve de remarque sur hollande. Signée. Légère déchirure dans la marge du haut.

212 — Les Premiers pas, par G. Greux. Epr. de remarque sur hollande.

213 — La Baratteuse, par L. Kratké. Epreuve de remarque sur parchemin. Signée.

214 — La Fileuse, par Kratké. Epreuve de remarque sur japon. Signée.

215 — L'Angélus, par Waltner, in-fol. Epreuve d'artiste sur parchemin. Avec dédicace signée.

216 — L'Angélus, gravé sur bois par Méaulle. Epreuve d'artiste sur chine volant.

217 — Dessins de J. F. Millet, gravés par Ad. Lavieille. Paris, J. Claye, 1855. Cahier contenant dix pièces sur chine collé.

218 — Sujets divers gravés à l'eau-forte. Sept pièces avant la lettre.

MONGIN (A.)

219 — Le Passage du Nord-Ouest, d'après Millais. Epreuve d'artiste sur japon. Signée.

220 — Un Schisme, d'après Vibert. Epreuve d'artiste sur japon.

MORDANT

221 — La Marchande de pommes. Epreuve d'artiste sur parchemin.

222 — La Toilette. — La Marchande de cerises. Deux pièces, épreuves d'artiste sur japon. Signées.

223 — Portrait du baron James de Rothschild, bibliophile. Epreuve d'artiste sur japon.

MOUILLERON (A.)

224 — Un Coin de jardin, d'après Bodmer. — L'Ecole juive, d'après Robert-Fleury. Deux pièces signées.

OUDART (F.)

225 — Sous bois. — Neige sous bois. Deux pièces avant la lettre sur japon.

226 — Calendrier pour 1885. Epreuve sur japon avec remarque.

PENET (L.)

227 — Sapho, d'après Chaplin. — La Liseuse, d'après Fragonard. Deux pièces avant la lettre.

PIGUET (R.)

228 — Une Parisienne (H. B. 25). Epreuve d'artiste sur japon.

229 — Une Française de 1889 (27). Epreuve d'artiste sur hollande.

POYNOT (G.)

230 — La Jeune fille au chat, d'après Chaplin. Epreuve d'artiste sur parchemin. Signée.

RAJON (P.)

231 — Mariage protestant en Alsace (H. B. 18). Epreuve d'artiste sur chine.

232 — Le Plan, d'après Detaille (22). Epreuve d'artiste sur chine.

233 — The Bath, d'après Alma Tadéma (75). Epreuve imprimée en bistre sur bristol.

234 — Le Buveur, d'après Seymour-Lucas (79). Epreuve sur chine.

235 — English beauty (82). Epreuve d'artiste tirée sur papier ancien.

236 — Portrait de dame âgée, d'après Rembrandt (88). Epreuve avant toute lettre sur hollande.

237 — Blue-Boy, d'après Gainsborough (102). Epreuve d'artiste avec plusieurs croquis dans les marges, sur papier de Hollande.

238 — Portrait de femme, de la famille Brignoles (104). Epreuve d'artiste sur japon.

239 — Paul Baudry, peintre (146). Epreuve d'artiste sur parchemin.

240 — Le même portrait. Epreuve sur chine volant, non terminée.

241 — Tennyson (149). Epreuve à l'eau-forte pure sur japon.

242 — Alexandre Dumas père (151). Epreuve d'artiste sur chine.

243 — Sir F. Leighton, d'après Watts (160). Epreuve sur papier whatmann.

244 — James Martineau, d'après Watts (162). Epreuve d'artiste sur japon.

245 — Portrait de Mad[e] Cléveland. Epreuve d'artiste sur japon, imprimée en bistre.

REYNAUD (E.)

246 — Le Coup de main, d'après Renouf. Epreuve de remarque sur parchemin. — Plus une réduction du même sujet.

RIBOT (d'après)

247 — Portrait d'homme, par F. Desmoulin. Epreuve de remarque sur japon. Signée.

248 — Portrait d'homme avec grand chapeau. Epreuve d'artiste sur chine.

ROPS (d'après)

249 — Portrait de l'artiste, dans son atelier, par Baude. Epreuve d'artiste sur chine volant. — Plus une copie par Desmoulin, à l'eau-forte pure.

250 — La Dame au cochon, par Gaujean. Epreuve d'artiste en couleur, sur japon.

251 — Catalogue de l'Œuvre gravé de Félicien Rops, par Erastène Ramiro. Paris, Conquet, 1887, in-8, 1 vol. cart. toile, dos et c., non rogné, fig.

ROSA-BONHEUR (d'après)

252 — Rendez-vous de chasse ; très grand in-fol. Epreuve de remarque sur parchemin. Signée.

253 — Cerfs au repos, par L. Gautier. Epreuve de remarque sur japon.

RUET (L.)

254 — L'Atelier du peintre, d'après Maurice Leloir. Epreuve de remarque sur japon. Signée.

255 — Le Duel, d'après Em. Bayard. Deux pièces avant toute lettre sur japon.

256 — Jeune femme jouant de la mandoline. — Joueur de violon, d'après Cormon. Deux pièces, épreuves de remarque sur parchemin. Signées.

257 — Danseuses, d'après E. Girardet. Deux pièces, épreuves de remarque sur parchemin. Signées.

258 — Master Hope, d'après Laurence. Epreuve d'artiste sur parchemin. Signée.

259 — Le Prince de Galles à cheval. Epreuve de remarque sur parchemin. Signée.

SALMON (E.)

260 — Arabes sous la tente, d'après Hédouin. Epreuve d'artiste sur japon.

SCHENCK

261 — Le troupeau en détresse. Epreuve d'artiste sur hollande.

SOMM (H.)

262 — Portrait de Mme Judic (H. B. 29). Epreuve de remarque sur japon.

263 — Blonde. — Femme au grand chapeau (35 et 37). Deux pièces, épreuves d'artiste sur hollande. Signées.

SOULANGE-TEISSIER

264 — Le Singe artiste. — La Ferme d'Italie, d'après Decamps. Deux pièces, épreuves d'artiste, dont une avec dédicace signée.

THIBAUT (Ch.)

265 — A la Source, d'après Aubert. Epreuve avant toute lettre.

THORM (de)

266 — La Jardinière, d'après Em. Adan. Epreuve d'artiste sur japon. Signée du peintre et du graveur.

267 — Merveilleuse, d'après Van den Bos. Epreuve de remarque sur japon. Signée.

268 — Portrait de Rembrandt. Epreuve avant toute lettre sur hollande. Signée.

TORNÉ (F.)

269 — La Dame au manchon. Epreuve d'artiste sur japon.

TOUSSAINT (H.)

270 — Une Parisienne, d'après R. Collin. Epreuve d'artiste sur hollande. Signée.

TROYON (d'après)

271 — Le Retour du marché, par Leterrier. Epr. d'artiste sur japon. Signée.

UNGER (W.)

272 — La mort de Cléopâtre. Epreuve de remarque sur parchemin.

VION (H.)

273 — La Vierge et l'Enfant Jésus, d'après Memling. Epreuve d'artiste sur japon.

WALTER (J.)

274 — Vues de Londres ; suite de quatre pièces. Epreuves de remarque sur parchemin. Signées.

WALTNER (Ch.)

275 — L'Etude, d'après Fragonard (H. B. 11). Epreuve de remarque sur japon. Signée.

276 — David Rickaert, d'après Vandyck (23). Epreuve d'artiste sur parchemin. Signée.

277 — La comtesse de Barck, d'après H. Regnault (47). Epreuve d'artiste sur japon.

278 — Le Prince de Galles (52). Epreuve d'artiste sur chine non collé.

279 — Juives d'Alger, d'après Eug. Delacroix (54). Epreuve d'artiste sur chine.

280 — Le Consolateur, d'après Paczkai (76). Epreuve d'artiste sur japon, avec les marges couvertes d'essais de burin.

281 — Les Musiciennes, d'après Walther (79). Epreuve de remarque sur japon.

282 — La marquise d'Ormondes, d'après Millais (84). Epreuve d'artiste sur japon.

283 — Forbidden fruit (87). Epreuve sur papier whatmann.

284 — Suzanne au bain, d'après Goudall (91). Epreuve d'artiste sur japon. Signée.

285 — Un vieux Rabbin, d'après Rembrandt (118). Epreuve d'artiste sur japon. Signée.

286 — L'Amour et Psyché, d'après P. Baudry (122). Epreuve avant toute lettre sur japon.

287 — La Musique, d'après Delaplanche (129). Epreuve d'artiste sur chine.

288 — Salomé, d'après Henri Régnault (132). Epreuve de remarque sur japon. Signée.

289 — Portrait d'homme assis, d'après Gainsborough, in-fol. Epreuve d'artiste sur parchemin. Signée.

WILLETTE (A.)

290 — Suite de douze titres de romances. Epreuves d'artiste sur japon.

291 — Titres de romances. Six pièces avant la lettre.

www.ingramcontent.com/pod-product-compliance
Ingram Content Group UK Ltd.
Pitfield, Milton Keynes, MK11 3LW, UK
UKHW021040260726
13994UKWH00005B/2264

9 782329 500058